JÓVENES FUTBOLISTAS

GARY LINEKER

Tacos

Espinilleras

Botas

Driblar con el interior del pie

Equipo del guardameta

Driblar con el exterior del pie

Proteger el balón con el cuerpo

EDITORIAL MOLINO

Un libro Dorling Kindersley

Dirección Claire Bampton **Dirección artística** Rebecca Johns

Proyecto editorial Louise Pritchard

Producción Catherine Semark

Asesor de fútbol Eric Sommers

Fotografías John Garret

Adjunta a dirección Sophie Mitchell
Adjunta a ilustración Miranda Kennedy

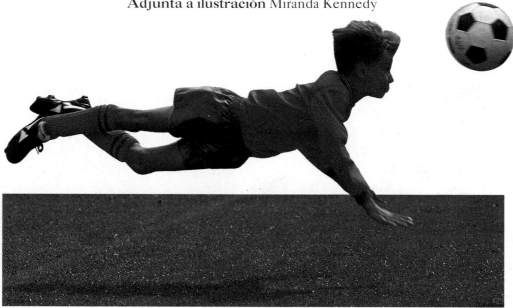

Futbolistas infantiles
Ben Blyth, Rene Brade, Scott Breatley,
Alex Brennan, Ben Brennan, Johnathan Crane,
Tom Dove, Hannah Gardiner, Delroy Gill,
Adam Habtessellasse, Daniel Platel, Jamie Ross-Hulme, Angel Watson

Copyright del texto © 1994 Dorling Kindersley Ltd., Londres
Copyright de las fotografias © 1994 Dorling Kindersley

Publicado en lengua castellana por
EDITORIAL MOLINO
Calabria, 166 - 08015 Barcelona

ISBN: 84 - 272 - 4962 - 4
Mayo 1994

Sumario

Puedes despejar el balón entrando lateralmente para alejarlo lejos de tu adversario, en lugar de intentar arrebatárselo.

Amortigua tu caída con el brazo y el codo.

Al futbolista infantil

"**E**L FÚTBOL es un juego maravilloso y yo he tenido la suerte de figurar entre los mejores. Guardo muy buenos recuerdos de él. La emoción de jugar con los equipos ingleses Everton y Tottenham Hotspur y el reto de jugar en el extranjero, con el Barcelona en España y más recientemente con el Grampus Eight en Japón. Una cosa que he aprendido es que uno sólo saca del fútbol lo que ha puesto en él. Seguramente el mejor consejo que puedo darte es que juegues limpio y que disfrutes jugando. Confío en que te diviertas leyendo este libro y que te lo pases tan bien con el fútbol como yo. ¡Buena suerte!"

El juez de línea corre la banda para asistir al árbitro. Con el banderín indica los fueras de juego, las sustituciones y cuando el balón sale fuera.

Hay dos jueces de línea y cada uno de ellos vigila una mitad del campo de juego.

El juez de línea está indicando aquí un fuera de juego con el banderín colocado horizontalmente.

Un partido se juega en dos tiempos de 45 minutos cada uno y el árbitro descuenta el tiempo perdido por lesiones u otras interrupciones del juego.

El árbitro usa un silbato para indicar el comienzo y el final de cada parte y señalar las faltas e infracciones.

Si un jugador comete una falta grave, el árbitro tiene que mostrarle una tarjeta roja y expulsarlo del campo.

Por otro tipo de faltas, el árbitro puede mostrarle a un jugador la tarjeta amarilla.

Reglamento

EL FÚTBOL es un juego en el que dos equipos de once jugadores cada uno compiten para introducir el balón en la portería contraria. Unas reglas impiden que el juego transcurra con violencia, reglas que aplica el árbitro. Apréndelas de memoria al empezar a jugar.

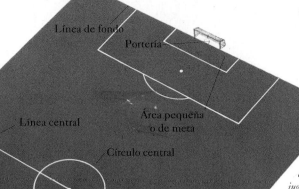

Línea de fondo
Portería
Línea central
Área pequeña o de meta
Círculo central
Línea de banda
Área de esquina
Arco de castigo
Área grande o de penalti
Punto de penalti
Línea de banda

En el saque desde el centro, los jugadores se situarán en su campo. El equipo que no saque se hallará fuera del círculo central.

Después de un gol, el equipo al cual se lo han marcado sacará de centro.

Saque de esquina

Se concede al equipo cuyos adversarios mandan el balón fuera del campo por la línea de fondo propia. Al sacarlo, los contrarios deben hallarse a más de 9 m del balón.

Penalti

Falta grave dentro del área del mismo nombre que se castiga con un lanzamiento desde el punto de penalti. El guardameta no podrá moverse de la línea de meta hasta que se lance y los demás jugadores permanecerán fuera del área y del arco de castigo.

El castigo máximo se lanza desde el punto de penalti.

Línea de banda

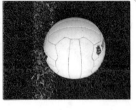

Balón en juego
Si no ha cruzado la línea que enmarca el terreno por completo.

No en juego
Si ha cruzado la línea que envuelve el terreno.

Fuera de juego

Infracción que se estableció para evitar que los jugadores se queden cerca de la meta contraria a la espera de poder marcar gol. Se produce en el momento en que un jugador de tu equipo lanza el balón hacia delante y tú te encuentras en el campo contrario, más adelantado que el balón y con menos de dos adversarios (incluido el guardameta) entre tú y la línea de fondo. Hay excepciones a esta regla, como en los saques de banda o en el caso de no intervenir en la jugada.

Tiro libre

El reglamento autoriza a un equipo a lanzar un tiro libre cuando el contrario ha cometido una falta. Puede ser directo, y se puede chutar a puerta, o indirecto. En este caso el árbitro levanta el brazo. Los tiros directos se conceden para las faltas más graves.

Lo que necesitas

AL COMPRAR TU EQUIPO DE FÚTBOL debes tener presente cuatro cosas: debe ser duradero, ligero, cómodo y adecuado. La parte más importante son las botas. Hay que elegir unas que te sujeten bien los pies, especialmente en los tobillos. Para saber si te van bien, pruébatelas en la tienda con medias de fútbol. Nunca te las compres muy holgadas confiando en que las vas a llenar. Si lo haces, verás que con ellas no tienes el toque de balón preciso, aparte de que pueden causarte dolorosas ampollas en los pies.

En invierno suele llevarse camiseta de manga larga, y de manga corta en verano.

Botas de fútbol

Las botas han sido diseñadas para que te sirvas del interior y del exterior de tus pies. Comprueba que estén hechas de buen cuero y que sean flexibles; cuanto más lo sean, más "notarás" el balón, condición indispensable para un buen toque.

Las lengüetas largas hacen las botas más cómodas.

Tacos intercambiables

Botas con tacos moldeados

Tacos de rosca

Estos tacos permiten que tú mismo te los adaptes a cualquier terreno. Necesitarás una llave inglesa para sujetarlos firmemente.

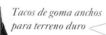

Tacos de goma anchos para terreno duro

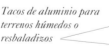
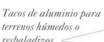

Tacos de aluminio para terrenos húmedos o resbaladizos

Tacos de nilón para terrenos con zonas blandas y zonas firmes

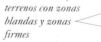

Sujeta las medias con gomas elásticas o átalas con una cinta alrededor de la pierna.

Botas moldeadas

En realidad son botas de entreno, adaptadas a terrenos de hierba artificial. El dibujo de los tacos "moldeados" en las suelas proporciona un agarre casi perfecto. Esta bota tiene 73 tacos más que las normales.

Espinilleras

Las espinilleras protegen de roces y golpes los puntos más vulnerables de tu cuerpo. Con ellas aumentará tu confianza ante el choque con un contrario.

Las espinilleras se sujetan con cintas a las piernas.

Usa espinilleras también en los entrenamientos.

Tu ropa en el campo

Al escoger la ropa, hay que tener en cuenta el material que la compone. El algodón sigue siendo el más práctico y popular, pues, a diferencia de las fibras sintéticas, absorbe el sudor. Los pantalones deben permitirte entera libertad de movimientos y las camisetas no serán ni muy holgadas ni muy estrechas.

El balón

El balón de competición deberá fabricarse con materiales adecuados, como el cuero. Los de plástico son adecuados para jugar en la playa, jardines y patios. Pero para adquirir un buen "toque" conviene practicar con balones "auténticos".

Guantes de guardameta

Aunque los guantes son vitales para atrapar el balón, no deben impedir la libertad de movimiento de los dedos. Así pues, al comprarlos, hay que comprobar que sean cómodos y flexibles.

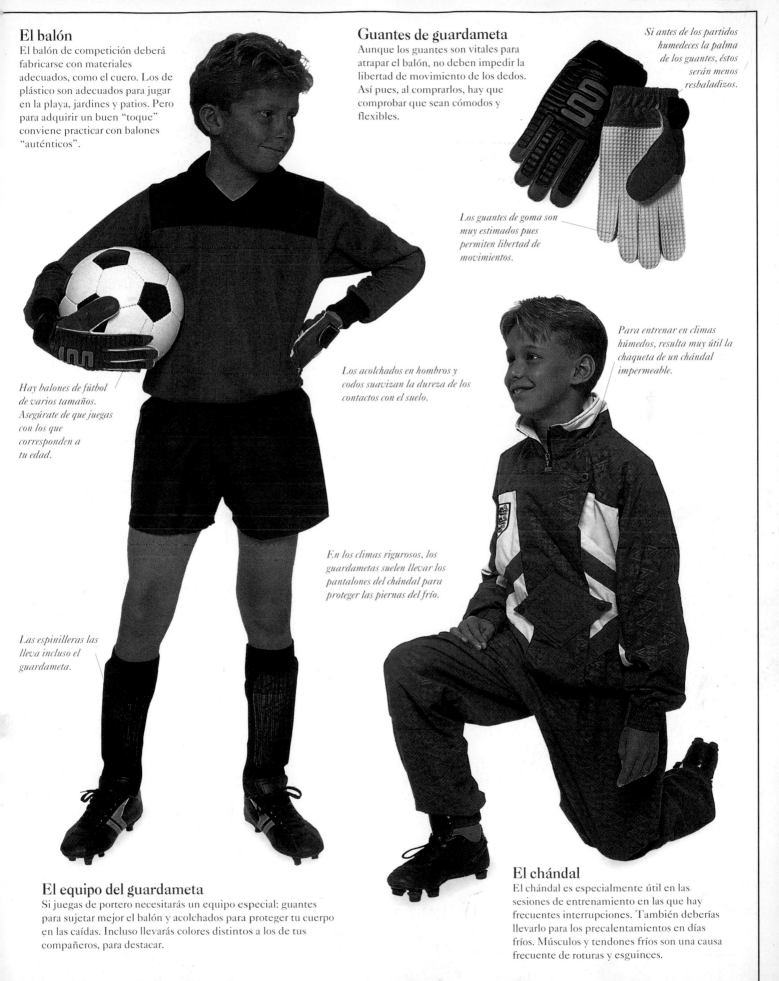

Si antes de los partidos humedeces la palma de los guantes, éstos serán menos resbaladizos.

Los guantes de goma son muy estimados pues permiten libertad de movimientos.

Hay balones de fútbol de varios tamaños. Asegúrate de que juegas con los que corresponden a tu edad.

Los acolchados en hombros y codos suavizan la dureza de los contactos con el suelo.

Para entrenar en climas húmedos, resulta muy útil la chaqueta de un chándal impermeable.

En los climas rigurosos, los guardametas suelen llevar los pantalones del chándal para proteger las piernas del frío.

Las espinilleras las lleva incluso el guardameta.

El equipo del guardameta

Si juegas de portero necesitarás un equipo especial: guantes para sujetar mejor el balón y acolchados para proteger tu cuerpo en las caídas. Incluso llevarás colores distintos a los de tus compañeros, para destacar.

El chándal

El chándal es especialmente útil en las sesiones de entrenamiento en las que hay frecuentes interrupciones. También deberías llevarlo para los precalentamientos en días fríos. Músculos y tendones fríos son una causa frecuente de roturas y esguinces.

El pase

E L FÚTBOL ES UN JUEGO DE EQUIPO, que en el fondo consiste en pasarse el balón entre compañeros. Sin el pase, el fútbol sería sólo una disputa individual. Hay pases de varios tipos que debes elegir según la situación. Pasa el balón de modo que tu compañero pueda controlarlo. Al pasarlo, tienes la ocasión de desmarcarte y de que puedan devolvértelo.

3 Echa el cuerpo hacia delante y chuta el balón, ni muy arriba ni muy abajo. Así el tiro será más raso. Al chutar, acompaña el balón con el pie, y dirígelo hacia el lugar escogido.

Utiliza los brazos para equilibrar el cuerpo.

Pase corto

El acompañamiento con el pie controla la velocidad del pase y, en cierto modo, su precisión.

1 El pase corto es el modo más preciso de enviar el balón a un compañero que está cerca, porque lo tocas con una gran superficie de la bota. Pero antes, aproxima tu otro pie al balón.

2 Sin apartar la vista del balón, echa la pierna atrás. Al ir a chutar, el pie debe hallarse en ángulo recto con la trayectoria elegida, de forma que chutes con el interior.

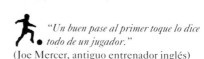

"Un buen pase al primer toque lo dice todo de un jugador."
(Joe Mercer, antiguo entrenador inglés)

Pase de talón

1 Por lo general utilizarás este pase como una forma para sorprender al adversario y evitar que lo intercepte. Por la propia naturaleza del pase, no podrás ver el destino escogido; así que no abuses de esta jugada y no la uses jamás cerca de tu portería. Para el pase de talón sitúa el pie de apoyo junto al balón y, sin perder a éste de vista, golpéalo con el talón del otro, con un golpe seco hacia atrás.

No pierdas de vista el balón, para que sea menor el riesgo si no aciertas con el talón.

2 Ya que el pase de talón no es para lanzar el balón muy lejos, no hay necesidad de "acompañar" el tiro. Mantén el equilibrio, para poder desplazarte en cuanto hayas completado el pase.

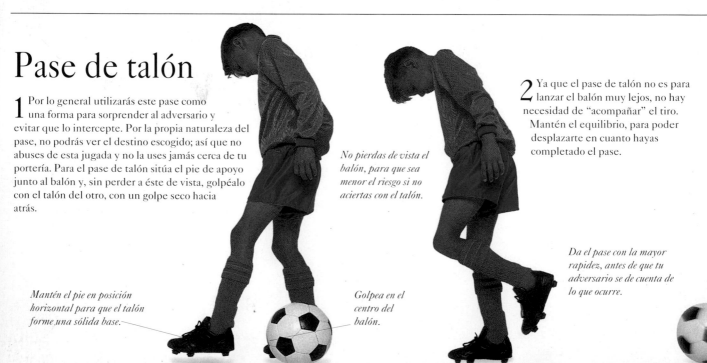

Mantén el pie en posición horizontal para que el talón forme una sólida base.

Golpea en el centro del balón.

Da el pase con la mayor rapidez, antes de que tu adversario se de cuenta de lo que ocurre.

Pase adelantado al compañero

1 Si tu compañero corre para adelantarse a un contrario, puedes pasarle el balón de forma que no sea interceptado. Dirígelo al lugar donde se encontrará tu compañero cuando haya adelantado al contrario.

Tu compañero va a adelantarse a un contrario.

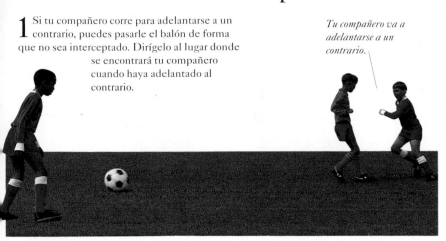

2 Trata de dirigir el balón al lugar por donde pasará tu compañero, para que éste no tenga que modificar su velocidad ni dirección. Escoge bien el momento del pase para que tu compañero no caiga en fuera de juego.

Ya es tarde para que el adversario pueda interceptar tu pase.

Pase alto

Utiliza este tipo de pase para pasar el balón a un compañero más adelantado que tú. Acércate al balón inclinando el cuerpo hacia atrás en un ángulo conveniente. Encara el balón con tu cuerpo y, manteniendo firme el tobillo, con el empeine chuta el balón por la base. La altura a alcanzar con el balón tiene que ser la precisa para que tus adversarios no puedan atajar el pase.

Apunta bien al compañero elegido.

Adelántate un poco el balón para que puedas llegar a él en carrera.

La pared

1 Jugada en la que dos jugadores pueden burlar a un adversario, pasándose el balón con rapidez entre sí. Para ello acércate hasta pocos metros del adversario, comprueba dónde se halla tu compañero y pásale el balón.

Al acercarse tu adversario, pasa el balón a tu compañero.

Tu compañero te devolverá el balón, seguramente al primer toque.

2 En cuanto se lo hayas pasado, deja atrás al jugador contrario, adelantándote a él para poder recibir de nuevo el balón. Tu adversario no puede seguirte sin dejar desmarcado a tu compañero.

Tu adversario se quedará cerca de ti.

3 Tu compañero tiene que devolverte el balón de inmediato. Contrólalo y dirígete velozmente a la meta contraria, antes de que el defensor pueda interceptarte. Tu compañero ha hecho de "pared", devolviéndote el balón "rebotado".

El chut: técnicas

H AY DIVERSAS FORMAS de chutar: utilizando el empeine, el interior y el exterior del pie, la punta de la bota –"punterazo"– e incluso el talón. Al balón puedes pegarle fuerte, "acompañarlo", "picarlo" y, según la posición del cuerpo, podrás mandarlo alto o raso. Tan pronto hayas adquirido la habilidad fundamental de pasarlo a un compañero, aprenderás a dominar la técnica de los distintos chuts. Sólo entonces serás capaz de juzgar adecuadamente las diferentes situaciones y decidir el tipo de chut más conveniente en cada caso. Y es del mayor interés aprender a dominar el balón con ambas piernas.

Para levantar el balón, hay que echarse ligeramente hacia atrás al chutar.

Dar efecto al balón con el interior del pie

Para que el balón siga una trayectoria curvada y sorprenda a tu adversario, golpéalo ligeramente a la derecha de su centro con el interior de tu pie derecho (o un poco a la izquierda con el de tu pie zurdo). El balón se desviará en arco de derecha a izquierda (o viceversa).

Dar efecto con el exterior del pie

Otra manera de dar efecto al balón es chutarlo ligeramente a la izquierda de su centro con el exterior de tu diestra (o a la derecha con el exterior de tu zurda). Al chutar, haz que el pie se deslice alrededor del balón, haciéndolo girar de izquierda a derecha (o viceversa).

Como una peonza

Aquí chuto con el exterior del pie. Esto hará que el balón rodee al adversario sin que pueda interceptar el pase. Al chutarlo en un lado, el balón aumentará su velocidad de rotación y la curva de su trayectoria será más cerrada. Esta foto se tomó durante un partido de la Liga española. En 1987 yo jugaba con el Barcelona.

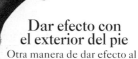

Otros chuts con el interior del pie

Chutar con el interior del pie es el modo más fácil de dar efecto al balón. Advierte que, en el momento del impacto, mi cuerpo está equilibrado. Me inclino ligeramente hacia atrás para permitir que el libre juego del pie levante el balón.

El pase largo

1 Es importante que aprendas a chutar el balón a gran distancia para poder pasárselo a compañeros que se hallen lejos. Adelántate el balón para llegar a él en carrera. Echa atrás la pierna que va a chutar mientras adelantas el cuerpo hacia el balón. Y no plantes tu otro pie demasiado cerca del balón.

Echa atrás los brazos, muy separados, para mantener el equilibrio.

2 Echa cuerpo y cabeza atrás y con el empeine chuta el balón por su parte inferior.

3 No olvides continuar el chut aun después del impacto, sin perder de vista la trayectoria a seguir. Así se consigue un pase más preciso.

Al chutar, inclínate hacia atrás para levantar más el balón y que alcance una mayor distancia.

La volea

Chutar de volea es golpear el balón sin dejar que toque el suelo. Suele ser un chut seco y la pierna no completa su movimiento. En la volea, no pierdas de vista el balón que se aproxima y, tras echar hacia atrás tu pierna impulsora, pégale con el empeine procurando que la rodilla quede por encima del balón. Así su trayectoria será más rasa.

No dejes que tu tobillo ceda durante el impacto. El chut será más potente.

El pase horizontal

Aquí utilizo este lanzamiento para hacer un pase preciso a un compañero. La distancia o fuerza del pase depende en gran manera de la amplitud del arco que describe la pierna y de la posición del cuerpo. Si te echas hacia atrás y aumentas el arco, el balón hará un largo recorrido.

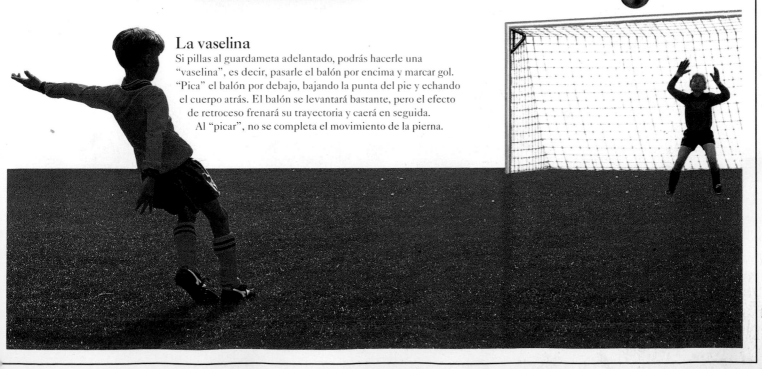

La vaselina

Si pillas al guardameta adelantado, podrás hacerle una "vaselina", es decir, pasarle el balón por encima y marcar gol. "Pica" el balón por debajo, bajando la punta del pie y echando el cuerpo atrás. El balón se levantará bastante, pero el efecto de retroceso frenará su trayectoria y caerá en seguida.
Al "picar", no se completa el movimiento de la pierna.

Control del balón

E L DOMINIO DEL BALÓN es la clave del éxito para un futbolista. Que utilices el pie, el muslo, el pecho o la cabeza depende de la altura a la que te llegue el balón. Generalmente te llegará muy rápido, por lo que tienes que amortiguar el impacto. Y tienes que aprender a controlarlo en seguida. Al principio, practica el dominio de balón sin correr, pero recuerda que no podrás hacer eso en un partido. Así pues, aprende a dominarlo al primer toque para pasarlo o chutar a puerta en un solo movimiento fluido.

Concéntrate en lo que haces.

Atrapa el balón con el interior del pie.

La clave del equilibrio radica en mantener firme la pierna de apoyo que te sostiene.

Matar el balón

Para dejar el balón muerto, debes atraparlo entre la suela de tu bota y el terreno. Al aproximarse a ti, levanta la bota con la puntera hacia arriba y cázalo bajo tu pie. Trata de no pisarlo con excesiva fuerza.

Parar el balón con suavidad

Aquí domino el balón con el interior del pie. Fíjate que, aun cuando me sostengo de puntillas sobre el otro pie, conservo bien el equilibrio. La foto se tomó en Japón, en mi debut con el Grampus Eight.

Dominio de la volea con el interior del pie

Cuando recibas un balón a media altura y quieras pararlo de volea, es esencial mantener el equilibrio, pues hay que levantar mucho el pie. Recuerda absorber el impacto con suavidad. Este movimiento es el inverso al que haces cuando acompañas el balón para darle efecto: cuanto más tiempo mantengas el contacto, mejor lo dominarás.

"En cuanto dominas el balón, el fútbol es un juego de niños." (Ferenk Puskas, ex estrella del Real Madrid)

Control con el muslo

Cuando el balón te llega a una altura incómoda (demasiado alto para el pie, pero poco para el pecho), los muslos pueden ser de gran utilidad. Arquéate un poco hacia atrás para recibir el balón y conserva el equilibrio con la ayuda de los brazos.

Ganar tiempo

Un buen control de balón te da más tiempo para mirar en derredor y decidir la mejor jugada a hacer.

El secreto del perfecto control del balón radica en la correcta posición del cuerpo para encararlo.

Para mantener el equilibrio con seguridad, evita la rigidez de l a pierna de apoyo.

Control con el pecho

1 El pecho es una zona ancha y fuerte donde puedes amortiguar la caída del balón, aunque a veces resulte difícil. A fin de prepararte para el impacto, encara el balón con el pecho y a la vez extiende los brazos: mantendrás mejor el equilibrio y evitarás que el balón te lastime.

Tienes que mantener la cabeza centrada para facilitar el equilibrio de todo el cuerpo.

Mantén los brazos separados del cuerpo y prepárate para recibir el balón con el pecho lleno de aire.

Relaja el tórax al controlar el balón.

Debes flexionar las rodillas para ganar o perder la altura precisa al recibir el balón en el centro del pecho.

2 Al recibir el balón, arquea el dorso, saca pecho y, aunque el impacto suele ser fuerte, no tenses los músculos si no quieres que el balón rebote excesivamente; más bien hay que acogerlo con el pecho relajado para absorber mejor el impacto.

Afloja la tensión en las muñecas, y así relajarás el resto del cuerpo.

3 Al caer el balón, adelanta los hombros para que no se aleje demasiado. No olvides mantener las rodillas en flexión y las piernas separadas para tener una base sólida.

Protección del balón

Cuando no tengas a ningún compañero a quién pasarle el balón, quizá te convenga proteger el balón con el cuerpo, interponiéndote entre el balón y tu adversario. Esta táctica es legal, mientras no apartes al contrario con los brazos.

Conservando la posesión

Esta es una foto en que aparezco protegiendo el balón. Se me ve inclinado sobre él, listo para el próximo movimiento. El partido, un amistoso de pretemporada, se jugó en julio de 1989 entre mi equipo, el Tottenham Hotspur FC y los Bohemians.

"El secreto del fútbol es hacer las cosas sencillas a la perfección." (Bobby Moore, ex capitán del equipo inglés)

Al primer toque
Para dominar el balón, es esencial controlarlo al primer toque.

Mientras proteges el balón, debes pensar en la siguiente jugada.

Mantén el balón lo más lejos posible de tu adversario.

El remate de cabeza

Durante el partido, el balón suele pasarse casi tanto tiempo en el aire como en el suelo, por lo que todos, incluso el guardameta, tienen que dominar el juego de cabeza. ¡Y es una de las jugadas más emocionantes! Para ser un buen rematador de cabeza hay que ser ágil, hábil y valiente. Es una técnica difícil, porque requiere saber colocarse y saltar oportunamente. ¡El gran secreto es que golpees tú al balón y no él a ti!

Al golpear el balón, aprieta con fuerza los músculos del cuello para que tu cabeza soporte bien el impacto.

El despeje de cabeza

Para alejar el balón de la portería, este despeje tiene que ir cuanto más lejos mejor. Empújate con un sola pierna y dale al balón en la cima del salto con la parte central de la frente.

Cabecear en salto

Crea una base sólida separando las piernas y relájate. Para recibir mejor al balón, no lo pierdas de vista. Salta oportunamente, echa la cabeza atrás, golpea el balón con el centro de la frente y dirígelo hacia el blanco escogido.

Separa los pies para asegurar un buen equilibrio y control.

Cabecear en plancha

Normalmente, para cabecear en plancha en un área de penalti atestada de adversarios, hay que ser muy valiente. Si lo haces, lánzate con los brazos al frente, como si fueras a zambullirte: eso mejorará el remate y te protegerá en la caída.

Golpea el balón en la mitad superior para no elevarlo, y hazlo con el centro de la frente.

Al saltar en plancha, no pierdas de vista el balón.

Tras la caída, levántate rápidamente. No olvides que juegas en equipo.

Saber cuándo hay que saltar

Cuando dos jugadores van por el balón, es esencial calcular bien cuando hay que iniciar el salto, algo que se aprende sólo con la práctica. Empújate con una sola pierna para ganar altura y trata de llegar al balón al culminar el salto, cuando tus adversarios desciendan ya o no hayan llegado todavía.

Recuerda que no puedes empujar ni desplazar a tus adversarios con los brazos si no quieres incurrir en falta.

"Hazte amigo del balón." (Pelé, el legendario *crack* brasileño "rey" del fútbol)

El balón debe salir en línea recta hacia el blanco elegido.

En plancha

Por haber hallado un espacio al entrar en el área de meta, he conseguido un remate en plancha sin oposición. Un descuido de mis adversarios me ha dado tiempo para llegar al balón y rematarlo a portería. La posición de mis brazos amortiguará la caída y me ayudará a incorporarme sin pérdida de tiempo.

Llegar a tiempo

¡No me río, aunque quizá debería hacerlo! Acabo de ganar en el salto a mi adversario por haber "despegado" una fracción de segundo antes. He golpeado al balón en la cima de mi salto con el centro de la frente. Al menos esta vez mi control del tiempo ha sido perfecto.

Jugar a ganar

Con el adversario tan pegado a mí, este balón no es de nadie aún. Con los músculos del cuello en tensión y la mirada fija en el balón, Steve Hodge, del Nottingham Forest, y yo estamos preparándonos para rematar de cabeza. Me he dado impulso con una sola pierna y me dispongo a adelantar con fuerza el cuerpo a fin de efectuar el remate.

No esperes que el balón venga a ti: ¡ve tú a por él!

Driblar: el regate

LA HABILIDAD CON EL BALÓN se evidencia en el regate. Tienes que saber correr llevándolo "pegado" a tus pies, adelantándotelo con toques rápidos y secos, como si lo llevaras atado a las botas. Un buen regateador, capaz de regatear en el área pequeña contraria, puede sembrar el caos en la defensa. Pero driblar tiene sus riesgos y, a menudo, los jugadores demasiado individualistas pierden el balón. Aprende a descubrir cuándo tienes que regatear y cuándo pasar. El fútbol sigue siendo en esencia un juego de pases.

La práctica del regate

Para entrenarte, dispón una hilera de conos de plástico, separados unos 2 m entre sí, y ejercítate sorteándolos con el balón. La posición de los conos te obligará a usar ambos lados del pie.

La base del regate

Para driblar avanzando en línea recta, alterna el interior y el exterior del mismo pie. Eso te da la oportunidad de cambiar la trayectoria del balón con toques suaves y secos. Mantén el balón lo bastante adelantado para poder ver fácilmente a los demás jugadores. Y no pierdas su control en ningún momento.

Adelántate un poco el balón con el interior del pie.

Y cambia la dirección con el exterior del mismo pie. Repítelo hasta adquirir tu propio ritmo de regate.

Mantener el balón muy cerca

Para regatear bien los conos con el balón, hay que inclinarse un poco sobre él al avanzar y empujarlo de modo alterno con ambos lados del mismo pie, sin alejarlo más de medio metro.

Dejando atrás a un defensor

1 Si decides burlar a un defensor en vez de pasar el balón, simula querer ir en una dirección distinta de la que tomarás en realidad. Y al hacerlo, recuerda llevar "pegado" el balón, para impedir que te lo quite el defensor.

2 Seguramente el defensor se inclinará hacia uno u otro lado. Aprovecha para salir hacia el lado opuesto.

3 Con el interior del pie empuja el balón adelante sin perder su control. El defensor se plantará ante ti para cortarte el paso.

Cambio de dirección

Para regatear los conos, llévate el balón con el interior del pie y adelántatelo un poco.

Utiliza los brazos para mantener el equilibrio.

Correr con el balón

Esta manera de driblar sólo sale bien si tienes mucho espacio ante ti. La velocidad es un elemento esencial. Ejercítate en adelantarte mucho el balón para no tener que controlar tus zancadas. Procura tocar el balón lo menos posible y mira ante ti para decidir la próxima jugada. Al ser mis zancadas tan largas aquí, tengo que mantener muy bien el control y el equilibrio.

Regatea sólo para ganar

No regatees nunca en tu área pequeña, ni tampoco si puedes burlar a un defensor haciendo la pared con un compañero.

"Saber cuándo hay que driblar y cuándo pasar: he ahí el verdadero genio." (Roberto Baggio, internacional italiano)

"Aprende a driblar y a pensar a la vez." (Geoff Hurst, héroe del equipo inglés de los Mundiales de 1966)

Adquirir velocidad en el regate

A medida que practiques el regate, ganarás velocidad. Comprueba a menudo cuánto puedes correr sin perder el dominio del balón.

Mantén el balón pegado a tus pies.

4 Cuando el defensor vaya hacia un lado, cambia con rapidez e impulsa el balón en dirección contraria con el exterior del pie. Hay que ser rápido y ágil para burlar al contrario.

Driblar es siempre un desafío para los contrarios. No olvides ponerte las espinilleras.

Nunca permitas que el balón se aleje más de medio metro de tus pies.

Entrada al contrario

TODOS LOS FUTBOLISTAS tienen que aprender a entrar al contrario. El objetivo es hacer perder al contrario la posesión del balón. Para lograrlo, hay dos posiciones fundamentales: la frontal, en que se encara al adversario de frente, y la diagonal, en que giras el cuerpo hacia uno de los lados. La habilidad en escoger la posición adecuada y el oportunismo son importantes, pero sólo la práctica mejorará tu habilidad.

No quites la vista del balón.

Flexiona las rodillas para mantener mejor el equilibrio y poder disputar con más fuerza el balón.

Robar el balón

Intenta quitar el balón al contrario cuando tengas muchas posibilidades de llevártelo. Recuerda que puedes entrarle de frente y de lado, pero no por detrás. Trata de llevarte el balón con el empeine, sin tocar al contrario.

Recuerda
No puedes entrar al contrario por detrás.

Despeje lateral

1 En ocasiones en lugar de quitar el balón al contrario, podrás despejarlo dejándote deslizar lateralmente. Hay que procurar no llegar a destiempo. Empieza por aproximarte al adversario.

2 Flexiona la rodilla de la pierna de apoyo a fin de prepararte para entrar. Procura no tocar al adversario o te señalarán falta.

Resiste las ganas de entrar a destiempo.

Oportunismo
"Saber *cuándo* hay que entrar al despeje es tan importante como saber *cómo* despejar."

Interceptando los pases

1 Hay que tratar de apoderarse del balón sin tocar al contrario, sencillamente interceptando el pase. Intenta hacerlo cuando un adversario le pase el balón a su compañero. Calcula la velocidad del balón y trata de interceptar su trayectoria.

No le des tiempo a tu adversario para controlar el balón.

Calcula la velocidad del balón y decide el mejor lugar para interceptarlo.

Preparándote para interceptar un pase.

2 Al interceptar el pase, controla el balón con el interior del pie. Dale la espalda a tu adversario y procura pasar el balón a un compañero en seguida, antes de que el contrario pueda recuperarlo.

Tu adversario tratará de escabullirse con el balón. Trata de evitarlo cruzando la pierna ante él como una valla.

3 Deslízate ante tu adversario y pon el pie a guisa de pala ante el balón. Con el empeine trata de robárselo o despejarlo tan lejos como puedas. Para ganar el balón, aprovecha al máximo tu peso.

Amortigua tu caída con el brazo y el codo.

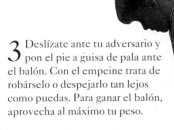

Un corte a tiempo

Esta foto muestra a las claras una situación en que mi adversario no consiguió completar su entrada. Me pilló por sorpresa y me quitó el balón; pero, por desgracia para él, no lo alejó bastante y yo pude recobrarlo tras saltar sobre su pierna, con lo que yo me llevé el balón mientras él quedaba temporalmente superado.

A balón parado

Cuando el árbitro detiene el juego o el balón sale del campo, tiene que ser puesto en juego de nuevo. Es muy importante que te aprendas las reglas correspondientes y uses la situación de balón "no en juego" con ventaja para ti. No es mala idea que tu equipo practique varias jugadas para sacar los tiros libres, los saques de esquina y los de banda. Entrena estas jugadas para que el día del partido te salgan sin pensarlas.

El saque de banda largo

1 Si el adversario pierde el balón por la línea de banda, el árbitro dará a tu equipo un saque de banda. Ponte detrás de la línea y echa el balón con ambos brazos por encima de tu cabeza tras haber dado unos pasos para tomar impulso, de forma que lo transmitas al balón y éste recorra una mayor distancia.

Sujeta el balón con los dedos muy separados.

Manteniendo el balón tras la cabeza, da unos rápidos pasos hacia el punto de lanzamiento al tiempo que lo echas más atrás aún.

2 Sujeta el balón por detrás de tu cabeza, tan atrás como puedas. Arquea la espalda y flexiona las piernas.

El penalti

Cuando tu equipo necesita angustiosamente un gol, tener que chutar un penalti puede ser traumático. Antes de chutar, decide a qué lado de la portería vas a dirigir el balón y oculta tus intenciones al guardameta. Recuerda que los balones rasos son los más difíciles de detener. En esta foto yo ya he elegido mi blanco y me concentro en chutar el balón raso y fuerte junto al poste, a la derecha del portero.

El punto de penalti se halla a 11 m del centro de la línea de gol.

Los adversarios deben situarse a más de 9 m del balón.

Saque de esquina

El saque de esquina se lanza desde el área de esquina de la línea de fondo por donde ha salido el balón. Es un tiro libre directo. Si no sigues un plan ensayado por tu equipo, tíralo de modo que vaya cerca de uno de los postes, y con efecto.

3 Carga tu peso sobre la pierna más adelantada y usa el cuerpo a modo de látigo para lanzar el balón, doblándote sobre la cintura y poniendo toda la fuerza de espalda, hombros y brazos.

Si acompañas el balón con los brazos, es más fácil ponerlo en el sitio deseado.

Lanza el balón de modo que el compañero escogido no tenga que cambiar el paso.

4 Al soltar el balón usa brazos y dedos para dirigirlo al punto deseado. Y corre a reincorporarte al juego.

No sobrepases con los pies la línea de banda.

Saque de banda

1 Si lanzas el balón deprisa, quizá sorprendas al equipo contrario. Si eres el jugador que se halla más cerca del balón, saca tú. Cógelo y ponte tras la banda.

2 Aunque quieras sacar deprisa, recuerda llevar antes el balón detrás de la cabeza con ambas manos.

3 Lanza el balón a un compañero que pueda controlarlo en seguida. Si todos están marcados, al que pueda devolvértelo al primer toque.

Tiro libre

Se ejecuta desde el lugar en que se cometió la falta. Si es cerca de la portería, los adversarios la protegerán con una barrera de hombres. Si quieres tirar a puerta, tendrás que darle efecto al balón. También puedes pasarlo a un compañero.

Si os señalan a favor un tiro libre, un penalti o un saque de esquina hay que aguardar a la señal del árbitro antes de lanzar la falta, si le pedís distancia al árbitro.

Ningún contrario puede situarse a menos de 9 m del balón.

El chut a gol

PARA GANAR UN PARTIDO, tu equipo debe marcar más goles que el contrario. Los goles pueden marcarse con una jugada bien planeada o aprovechando sencillamente una buena ocasión. El chut puede ser de muchas clases: raso, de volea, a la media vuelta, con efecto... Existen las "chilenas" y las "vaselinas"... Para ser un buen rematador hay que dominar todas las técnicas del chut. Aprende a conocer en todo momento la situación de la portería para poder rematar en cualquier posición sin tener que comprobarla. Aunque no marques gol cada vez que chutes a puerta, nunca marcarás si no lo intentas.

Procura tener la cabeza sobre la vertical del balón para que el tiro salga raso.

Al chutar, tu rodilla debe hallarse sobre la vertical del balón para que el tiro salga raso.

Con un pie en el suelo

Ésta es una de las maneras más frecuentes de chutar. Pon el pie con el que te apoyas junto al balón, apuntando al lugar escogido. Luego, echa la otra pierna atrás y dispárala contra el balón y chuta con el empeine.

Siempre hay que saber dónde se halla la portería, sin necesidad de mirar.

No pierdas de vista el balón.

La volea

1 Si el balón te llega por alto, puedes rematar de volea. Eso significa que tendrás que dominarlo al primer toque. Ante todo, prepárate para recibirlo en las mejores condiciones y abre los brazos para mantener mejor el equilibrio. Me gusta este tipo de chut, pues tiene dos ventajas: sorprender al adversario y aumentar la potencia del disparo.

2 Apártate de la trayectoria del balón inclinándote a un lado, para poder chutarlo más raso. Trata de que tu cabeza y tu rodilla estén por encima del balón. Cuando tu empeine entre en contacto con él, llévatelo contigo y dispáralo hacia la meta. Yo pongo todo mi peso en el chut, y eso lo hace más preciso.

Remate en deslizamiento

Cuando el balón se halla cerca de la portería contraria, podrías tener la ocasión de rematar en deslizamiento. Hazlo sobre la pierna más cercana al defensor y extiéndela cuanto puedas, utilizando el brazo para amortiguar la caída. Procura rematar de cuchara sin tocar los pies del adversario antes de chutar el balón.

El remate en deslizamiento tiene la ventaja de la sorpresa.

Intenta siempre adelantarte a cualquier situación. Y si se presenta la ocasión... aprovéchala.

Estos remates son más adecuados sobre terrenos húmedos.

3 Los chuts de volea no se acompañan. En cuanto hayas chutado dirígete corriendo hacia la meta. Yo siempre lo hago por si el balón, al rebotar en el guardameta, me permitiera rematar de nuevo.

Ahora encaras la meta y puedes correr hacia ella.

Gol de oportunismo

Aquí yo vi la ocasión, la aproveché y marqué un gol para Inglaterra. Muy presionado por dos defensores contrarios, me dejé resbalar para poder rematar a puerta con éxito.

Remate de chilena

Si estás de espaldas a la portería contraria, puedes rematar de volea una pelota alta con una chilena. Salta con una pierna y arquea la espalda hacia atrás. Y chuta con el empeine de la misma pierna por encima de tu cabeza, utilizando la otra pierna de tijera y los brazos para amortiguar la caída.

El guardameta

S EGURAMENTE EL GUARDAMETA es el que tiene el papel más comprometido. Cuando actúa, tiene que ser valiente, ágil, sereno y, sobre todo, inteligente. Sus dominios son el área grande y él decide cómo reaccionar ante los peligros que se ciernen sobre su área. Y una vez el balón en sus manos, debe iniciar el contraataque por medio de un pase a un defensa o bien con un chut fuerte y largo. El guardameta no se limita a detener los disparos a puerta, sino que organiza la defensa.

Lanzamiento por encima del hombro

1 Este lanzamiento suele hacerse cuando los adversarios se han lanzado al ataque en gran número. Hay que hacerlo sin darles tiempo a reintegrarse a sus zonas. Extiende hacia atrás el brazo que sujeta el balón y apunta con el otro y con la pierna del mismo lado al lugar de destino.

Tus brazos actúan como contrapeso; al levantar el del balón, bajarás el opuesto.

Utiliza toda tu altura para el lanzamiento, arqueándote hacia atrás cuanto más mejor.

2 Manteniendo rígido el brazo que lanza, gira las caderas hacia el blanco. Cuanto mayor sea el arco del brazo, más lejos irá el balón. También determinará la distancia la velocidad de rotación del brazo.

3 Tan pronto adoptes la posición adecuada, arroja el balón lo bastante alto para burlar a los adversarios, aunque no tanto que impida a tus compañeros controlarlo al instante.

En cuanto sueltes el balón, dobla la muñeca.

Lanzamiento por debajo del hombro

1 Este pase se utiliza para distancias cortas y normalmente se ejecuta para asegurar la posesión del balón. Con el pie contrario al brazo lanzador, apunta al compañero escogido.

No lo olvides
No puedes tocar con las manos los balones que tus compañeros te pasen con el pie.

2 Pon en juego el balón adelantando el pie que apunta y flexionando la pierna atrasada. Mantén la cabeza inmóvil.

Hasta aquí no debes perder de vista al compañero escogido.

Pega al cuerpo tu otro brazo para no entorpecer el tiro.

Blocaje de un tiro raso

1 Adopta la posición rodilla en tierra y no pierdas de vista la posibilidad de un bote extraño. Inclínate ligeramente adelante para estar preparado para echarte sobre el balón.

2 Sujeta el balón contra el pecho en cuanto puedas. Observa que tu rodilla constituye una barrera extra.

3 Arquea las manos alrededor del balón para evitar que se te escurra entre ellas. Ahora ya es tuyo. Separa los dedos de modo que tus meñiques casi se toquen. Mantén la cabeza firme y el tórax doblado sobre el balón.

Posición de las manos

Separa los dedos hasta formar la letra "W". Que no quede espacio entre tus manos. Dobla ligeramente los antebrazos y utilízalos como amortiguadores para absorber el impacto del balón.

Hay que tener manos y dedos ligeramente separados.

En esta situación es vital atrapar bien el balón.

Parada de un tiro alto

Para detener un tiro alto salta sólo con una pierna. Eso te hará ganar altura. Mantén los dedos firmes, aunque relajados, para amortiguar el impacto al recibir el balón. Con el mismo fin dobla un poco los brazos.

3 Al mover el brazo hacia adelante para lanzar el balón, estás llegando a un punto sin retorno. Si hay alguna posibilidad de que lo intercepten, ahora es el momento de dar marcha atrás y conservar su posesión. Así que sigue muy atento los cambios de posición a tu alrededor.

Da un último vistazo a la situación.

Flexiona la pierna atrasada para bajar la posición del cuerpo.

Mantén firme la pierna adelantada para poder erguirte sin pérdida de tiempo.

La pierna atrasada proporciona impulso para el lanzamiento.

4 Lanza el balón rodando por el suelo sin doblar el brazo. Dirígelo directamente a tu compañero, dándole un último empujón con la mano. Así te aseguras la precisión y velocidad necesarias para evitar que lo intercepten los contrarios.

No olvides la posibilidad de que te devuelvan el pase con el pie.

La energía para el lanzamiento ponla con todo el cuerpo, no sólo con el brazo.

Paradas

S I ERES EL GUARDAMETA, tendrás que desarrollar la agilidad de tus reacciones y entrenarte en seguir el juego sin distraerte. Si no efectúas buenas paradas, no podrás ser buen portero. Hay cosas que sólo hace el guardameta, como despejes de puño o paradas en estirada. Y tiene que saber poner el balón en juego desde su zona.

Estirada

Aquí chuté a gol desde muy cerca, pero el portero se estiró y atajó el balón. Y en seguida lo protegió con su cuerpo.

Detener un tiro raso

Si un contrario chuta raso a puerta, tienes que lanzarte en estirada para detener el disparo. Al acercarse el balón, lánzate de costado para formar una valla no sólo con tu cuerpo sino también con las piernas. Y una vez atrapado, sujétalo bien para evitar rebotes peligrosos.

Sujeta el balón poniendo una mano tras él y la otra en la parte superior.

Saques del guardameta

1 Para poner de nuevo el balón en juego chuta con fuerza de volea o de botepronto desde el interior de la zona de penalti. Así se consigue alejarla mucho. Si es de volea, el balón no tocará el suelo antes de chutarlo. El botepronto consiste en chutarlo en cuanto rebota en el suelo. Para ambos lanzamientos echa el balón un metro ante ti, tras haber comprobado la situación de tus compañeros.

2 Deja caer el balón ante ti sin perderlo de vista ni bajar la cabeza. Y no te distraigas jamás.

En esta etapa lo más importante es concentrarse en el balón.

3 Sitúa el pie que no chuta detrás del balón, inclinando el cuerpo ligeramente hacia adelante. Y lanza la pierna impulsadora desde la cadera.

"Para el guardameta, saber colocarse lo es todo." (Lev Yashin, famoso guardameta ruso)

Sostén el balón alejado de tu cuerpo.

Achicando el ángulo

La portería puede parecerle muy grande al atacante.

1 Cuando un atacante se ha librado de los defensas y se acerca con el balón, si te quedas en la línea de gol le dejas un gran espacio hacia el que chutar.

2 Sal de debajo de los palos y sitúate frente el atacante para taparle el ángulo de tiro. Pero debes escoger el momento preciso para lanzarte a sus pies: hacerlo a destiempo le permitiría al atacante burlar tu salida, y hacerlo tarde le daría ventaja.

El despeje de puños

Al despejar de puños, hay que hacerlo lanzando el balón alto y lejos para dar tiempo a los compañeros a reagruparse. Junta los puños y mantén firmes las muñecas. Cuando el balón llegue a tu alcance, golpéalo con fuerza en la mitad inferior.

Alejando el balón

Aquí, el guardameta rumano Silviu Lung, ha despejado de puño este balón, quitándomelo de la cabeza para impedir mi remate. El partido fue de clasificación para los Mundiales de 1985.

Apuntando hacia la zona a la que vas a disparar, flexiona la pierna de apoyo.

4 Echa muy atrás la pierna con la que vas a chutar si quieres aumentar la fuerza del chut. Golpea la mitad inferior del balón con el empeine cuando vaya a tocar el suelo (o de botepronto después de tocarlo).

Incluso en esta posición final, mantén firme la cabeza.

5 Acompaña con el pie el chut, apuntando bien al blanco. Te aseguras así de que el balón vaya al compañero escogido.

El ataque

LA GENTE aplaude con rabia
al jugador que marca el gol, aunque
a menudo el que da el último pase tiene
igual o mayor mérito. Una gran mayoría
de goles son el resultado de tácticas
ensayadas antes del partido. Algunos son
consecuencia de una serie de pases
precisos a partir de un tiro libre; otros,
vienen de jugadas ensayadas, aunque de
orden menos preciso. Verás que es muy
útil ensayar con tus compañeros métodos
que rompan la defensa de los contrarios.
Hay varios sistemas, pero el que adoptéis
deberá basarse siempre en las especiales
habilidades de los jugadores de tu
equipo, por lo que hay que conocerlas
muy bien.

Centro desde la banda
Un buen centro desde la banda, si has profundizado en la
escapada, suele ser ocasión de gol. Localiza al compañero
mejor situado para el remate, antes de decidir el tipo de pase,
si raso o a la cabeza.

*Comprueba la
situación en la zona
de gol y da el pase
más adecuado... antes
de que se te eche
encima un defensor.*

Atraer a los defensores

1 Uno de los mejores sistemas para abrir espacios es que
algunos compañeros se aparten de la trayectoria del
balón y se muevan hacia las bandas, aunque no esperen
recibir el balón. Así arrastran con ellos a sus marcadores y
dejan libre el camino del gol a un compañero desmarcado o
mejor situado. Ten en cuenta que es muy difícil pasar el
balón en un área llena de jugadores.

*Hay que ir con cuidado para no caer
en fuera de juego.*

*Tu marcador tendrá que seguirte
para impedir que te desmarques.*

*Un compañero arrastra con él a otro
defensor hacia la banda.*

*El jugador que lleve el balón tiene
que escoger a quien pasar.*

El desmarque

El defensor tratará de seguir con la mirada a la vez al balón y a ti.

Quizá puedas recibir el balón libre de marcaje.

1 El desmarque es una de las habilidades más esenciales de un delantero si quieres ser un día el "Pichichi" de la Liga. Cuando quieras recibir un pase, aproxímate al compañero que lleva el balón, y tu marcador te seguirá.

2 Cuando tu compañero vaya a pasarte el balón, burla al defensor deteniéndote o saliendo en otra dirección. Quizás así consigas dejarlo más atrás.

3 Tu compañero deberá pasarte el balón en cuanto te vea cambiar de dirección, pues al defensor le será difícil rectificar a tiempo. Librarse del marcador proporciona la gran oportunidad del plan de ataque de tu equipo.

2 Gracias al hueco provocado por tus compañeros, puedes pasar el balón a un jugador desmarcado, que tendrá así más tiempo para preparar el tiro a puerta. Pero, si te retrasas en el pase, tus compañeros pueden caer en fuera de juego, y si te adelantas, quizá los defensores aún consigan interceptar el balón.

En el momento del pase, tienen que haber por lo menos dos contrarios (y uno puede ser el portero) entre los atacantes y la línea de fondo.

El delantero del centro tiene una oportunidad de oro para marcar.

El jugador que lleva el balón tiene que pasarlo con gran precisión.

La defensa

Cuando tu equipo juega a la defensiva, hay que impedir que el otro equipo avance con el balón, y hay que tratar de quitárselo. Los defensas deben saber cuál será la táctica defensiva del equipo. Hay dos grandes sistemas de marcaje: hombre a hombre, o defensa con marcaje individual, y defensa en zona, donde cada jugador controla una zona del campo. Pero estos sistemas hay que aplicarlos con flexibilidad.

Manténte alerta

Se me tiene por un rematador, por lo que los porteros suelen no perderme de vista cuando mi equipo se dispone a tirar un tiro libre. Así están prevenidos para detener mi remate. Aunque mi equipo puede sorprenderle pasando el balón a otro compañero.

En un saque de esquina

Si eres defensa y marcas al atacante que con más probabilidad recibirá el balón, colócate entre él y la meta, ligeramente más próximo al lugar por donde llegará el balón, para atajarlo si puedes, aunque atento a que el contrario no aproveche la circunstancia para desmarcarse.

Guardameta

Si eres el portero, tu posición en el lanzamiento de un saque de esquina es muy importante. Si hay muchos jugadores en el área pequeña o crees que el balón llegará con efecto a la meta, quédate en el centro de la línea de gol. En otro caso, aproxímate un poco al poste contrario y pon un defensa pegado a él. Este es el mejor sitio para ver la trayectoria del balón.

Defensa

Atacante

Guardameta

Entretener al contrario

1 Si los jugadores contrarios han lanzado un contraataque por sorpresa, quizá tengas que cortarle el paso a un atacante. Si es así, lo más importante es ganar tiempo hasta que los demás lleguen en tu ayuda. Es menos arriesgado mantener a raya al atacante, que intentar quitarle el balón. Quédate ante él, cerca y con los brazos abiertos, para que no pueda ver muy bien la portería.

Línea de fondo.

A la menor ocasión, el atacante chutará a gol.

Separa los brazos para impedirle al atacante una clara visión de la portería.

Tus compañeros retrocederán cuanto antes para defender.

2 El defensa al que pillan adelantado tiene que hacer dos cosas: recuperar cuanto antes su posición en el campo, y volver a emparejarse con el jugador a quien tenía que marcar. Parece obvio que el jugador que lleve el balón tratará de pasárselo al compañero mejor situado para marcar gol.

Manténte entre la meta y el atacante.

Aquí el equipo atacante tiene que desbordar la defensa para poder chutar a puerta.

Ahora tu compañero podrá lanzarse a interceptar al atacante si fracasa tu intento de cortarle el paso.

3 Cuando los defensas de tu equipo hayan regresado a sus respectivas zonas, podrán proteger la totalidad del área grande. Eso dificultará mucho el pase entre atacantes y las oportunidades de marcar un gol. Entonces sí podrás intentar echarte a los pies del atacante.

Índice

Agradecimientos

Dorling Kindersley desea agradecer a las siguientes personas,
su ayuda en la producción de este libro:

A Ted Hart, Eric Sommers, Malcom Musgrove y Mick Brealey por su asesoramiento futbolístico; a John Garret y Matt Garret por su paciencia y entusiasmo con el equipo infantil y en el estudio; al Dulwich Hamlet Football Club por la utilización de su campo; a Colin de Soccer Scene, por el préstamo de material; a Scott Brealey, Ben Blyth, Rene Brade, Jonathan Crane, Ben Brennan, Tom Dove, Jamie Ross-Hulme, Daniel Platel, Hannah Gardiner, Delroy Gill, Adam Habtesellasse y Angel Watson por su

habilidad y cooperación; y a Djinn VonNoorden por su ayuda editorialista.

Ilustraciones:
Colorsport: 4bc, 5bd,

Bob Thomas SportPhotography:
5bi, 10ad, 11ci, cd, 12ad, 13bi, 15ad, ci, bd, 17ad, 19bd, 20ci, 22, 23bi, bd, cd, 16c, 27cd, 30ad.

Fotografías adicionales de DK:
Andy Crawford

Clave:
b abajo, a arriba, c centro, i izquierda, d derecha.

Búsqueda de fotografías:
Lorna Ainger